Caroline Carver

Illust

D1102192

Caroline Carver grew up on a remote sugar plantation in Jamaica. Although she has also lived in Bermuda and spent half her life in Canada, Jamaica remains the most powerful influence in her writing. She now lives by the sea in Cornwall with her husband and an assortment of dogs and cats and wishes there was room to add parrots, hens and donkeys back into her life.

Apsley is the pen name of a jobbing artist who has worked for clients as diverse as the National Trust and the Vintage Sports-Car Club, as well as many discerning individuals ! He lives in an earthly paradise in West Cornwall with wife, dogs, cats and hens.

Acknowledgements

horse under water won the 1998 National Poetry Prize and was a finalist in the 1999 Forward Prizes for best single poem. *zebu* was a joint winner of the 1999 Cannon Poets competition.

First published in July 2000 by Semicolon,
99 Lime Avenue, Leamington Spa, Warks CV32 7DG, United Kingdom
e-mail don@semicolon.demon.co.uk

Set in Mañana by Semicolon.
Printed by Toddington Press Ltd., Cheltenham

ISBN 0 9533525 2 8

For Mike and Jenny
and in memory of our two mothers

Contents

watcher or dancer?

maybe i grow up
like man on street corner

only he eyes move

he stan as still as stoneface gargoyle
droop like music sudden stop
an yet he able leap in air
like cat chase moth

how come i sit
all day in wheel-chair
shake like butterfly
move when i don mean to?

i who want kick de ball
good as renaldo
run like mongoose
in sunshine meadow

now watch de tv
wait for doctor

don know if i be
wise man or whirlwind
watcher or dancer

banana walk

trees seem as if dey got all day
to hang about

droop leaves
like dey too loose to wear

an yet sometimes
dey get a sharp eye look

when dangling sucker
bloom like new cut meat

an make me dream bad dream
of naked men

banana trees got hands
wid yellow fingers   dirty nails

de garden boy
use dem to tickle me

an make de funny signs
i no want no want no want understand

mr pokeface

mr pokeface
ride down street
pretend whole island
march behind him

sit on his horse
like he royalty
or something

an my horse jigharzi he say
man dis person be riding
a big bag o bones
an it be full of rickets

an dat mr pokeface look
like he got maggots in he mouth
an i gonna give dem
a wide wide berth

cos de horse got a
mean look in his eye

an jigharzi he say
man if we go close
i kick him so he don forget it

but i say *whoa dere*
de horse okay
an it don do no good
mess wid mr pokeface

3

an if he want money
i mus give it him
but mebbe we step up side street
an no mix wid bad company

but jus den mr pokeface see me come
smile nasty gold teeth smile
gold rings on he fingers
gold earring in de ear
like he crazy pirate
all dat missing is de parrot an de wooden leg

an mr pokeface he say
you give me plenty money man
an give it quick
or i put juju on you

but jus as i start say
mr pokeface sir
me goats is run off
an me mammy be sick
an i mus buy rum an jackass rope for her

jigharzi he rear up
like in cowboy western
an he snort an puff
an kick up de heels

an dat rickety horse
done rise up too
an mr pokeface
               fall off   fall off   fall off
he so fat he bounce down de street

an he gold watch
an he bag o gold

an everyone burst out laughing
rush about pick up de money
an mr pokeface so angry
de veins jump out he face
an i think he burst like balsam weed

an i say
boy we heroes today
but we gonna move to another island tomorrow

but jigharzi he jus show he teeth
like he know good joke
an he kick up de heels an say nothing

mongoose he very sly

mongoose got mistaken tinking
say he put on island for special reason

reduce hen population

mongoose he cheeky scuffle thief
raid henhouse each night each night

an hens say dey go on strike
no more lay eggs dis season

man say he catch dat pesky mongoose
put juju on him

an he done lay out poison
like early christmas dinner

set trap by henhouse
drip de blood dere

but mongoose say
de lord make hens for special eating

why man tink he got inside track
on eggs and chicken?

why man tink mongoose
don know when food bad eating?

an mongoose he give special thanks
dat fattest hen spring trap

squawk like juju be working
wait for mongoose come an get her

an mongoose strew
de feathers an de blood

like he make grand
ceremonial dinner

an man tink de bad obeah come

know mongoose make
damn fool of him

APSLEY

fish head

de fish lie on de beach
at least
de body of de fish lie on de beach

now fish widout head okay
you eat de body
throw de rest away

not like a person body
widout head
dat take some customising

a fish got scales an dignity
a body got
no recognition on its own

you don say

dat mus be missus jones
dear dear
how come she fetch up here?

her man did say de other day
she mus be off her head

a fish widout a head
don send a shiver down de spine
you don stand over
wipe de tears an say

i know it by de callus on de feet -
i wonder where de head has got to?

you don mind if you tink
a barracuda eat de head

you don go home an dream
dat mrs jones's head is hid
in every cupboard   wake an scream
if something bouncing down de stair ...

walk to trouble

it bad mistake
sit on boat
wid legs in water

barracuda take de feet off
bite so clean and salty
you don know what happen

you be all happy
in de sunshine day
get up to go
find walking parts
done gone for ever

den de pain strike
an de fever
blood pour in water
bring shark circling

      hope barracuda
      choke on starfish
      eat bad fish head

i dream i go to Spanish Town
climb over churchyard wall

where people dead
long time long time

but yellow fever lie in grave
among de bones
never die
an i catch hundred year old sickness
very next day

i dream i walk by cotton tree
duppy done fall on me
grab me by shoulder
never let me go
throttle me

den i think i go again
wid feet in water
better wait for barracuda
than walk to trouble

dressed as mutton

goat come to house
pull on rope
an he full of himself   full of himself

he say
man dese people wan see me
cos i got fine beard
an twinkly feet
an de nannies
all odorous
when dey see me coming

so he puzzle
why dey paint black squares
on his nice white fur
make diagram back and sides
an he ask himself

how come de fine ladies of de house don know
dat dis square my shoulder
an dis square my neck
dis square my rib
an dis one my thighbone?

but when goat see chopper
truth hit like swamp fever

an he nobble his knees
half fall over
show he so old
he not worth chewing

an it takes two sets false teeth
get through de gristle

but all for nohow
butcher swing chopper
an de goat fright so much
he keel right over

de ladies suck de breath
but chopper done miss neck
sever de rope

an quick as a mongoose
dat old billy goat
back on his feet
flash through de gate
head for de high hills

dey say he still dere
and de nannies still baa-ing

w-h-h-h-e-r-e dat handsome
ol billy today
wid de white patch c-o-a-t?
we don never know
no billy like h-i-i-i-m

weddn bessy

governor's wife she shocked to find
so many piccaninnies
wid lots uncle-daddies

mammies who go to church
wear sunday best
but no make de weddings   so

she send to america
buy ten thousand rings
give them away

an dere be

thousands of weddings
ten thousand weddings
lovely white weddings
lovely new dresses
expensive new dresses
lots piccaninny bridesmaids
lots piccaninny pages

lots lovely new pictures
in lovely new frames
wid proud mammies and daddies
uncles and aunties
all very respectable

but pictures no show
de crotchety bank man
de moneygrub loan man

no food on de table
no clothes for de babies

an weddings no stop
de children from crying
de daddies from going
de uncles all changing

teggereg

busha tell de people
you don work hard
you lazier dan ten donkeys
you jent jeng good for nothings
living in wappen bappen

an he drive us
through de sugar-cane
wid big whip in he hand
jook us like we be cattle
beat us like rubbish mongoose

one day
big massa say

de busha lazy man
he don get up dis morning
how come he no watch you
work de fields dis day?

an we say

oh oh massa
de busha
run to Cuba
he say de obeah on him

we no make life hard for massa
we no say
busha on way to Cuba
in big fat shark

every cock crow best

de red bantam cockerel
stan on de dung hill
watch all de ladies
pecking around him

an he puff out his chest
an he crow like he give
a fine speech every morning
but de ladies ignore him

so he crow like he hero
from battle of crecy
like he conquer all
of de conquistadores

like he daddy to ten thousand
blowaway puffballs
like he much better F man
than any before him

like he bust like balloon
if you prick his esteemedness
an poke fun at his diddle-dum-dorum

APSLEY

horse upside down

jigharzi an me
are riding de desert
an it hot
like de inside of a volcano

only here is
flat flat flat land
except for de cactus
an dey aint got
no flowers this year

we pass a rickety shack
look like it made out of cardboard
no matter
it don rain no more

last erection for one four o miles
it say in big black letters on de front

an i *say ho ho jigharzi*
no fun for me
dis desert outing
an he jus snort an say
man dere aint nothing standing up round here

an is true
nothing
why it like this say i
an jigharzi he jus look at me
turn his head so i see one yellow eye
mean an yellow

an he say

it de hole in de ozone
an i say *what hole*
an he say
man de ol lady
got holes in her stockings
an de more you kicks
de bigger dey gets

an i say *boy am i thirsty*
ozone or no ozone
even a mirage would go good now

an i start dream of glacier water
frozen a million years an jus melting
an jigharzi he say
yea man
even de ozone no got that yet

an jus as we both smacking our teeth
a mirage do come

but it look strange
an i see it not
a drinky water thought
but a picture of jigharzi an me

only we upside down
an jigharzi hooves
waggle in de air
like a longleg tortoise on its back

an i say

if i had an oar
i could row you like a boat
cos dat sure how you look right now

an he say *man we got problems*
no lake to row on
an we both start laughing like there aint no tomorrow

man ought be cannibal

land crabs go crazy
kept together
each bite de other for de supper

now hens do peck
an hurt de weak ones
but no pull wings off

ducks swear an chase
but dey don wrestle
others beak off

turkey done gobble gobble
like mind stir crazy
but don have drumstick for de dinner

man should take lesson
from de land crab
if he wan hate de other fellow

den do it proper
kill an eat him
waste not want not

for ben okri

someone put carpet in de house
an i aint going walk on it

why cover nice clean wood
when it all shiny
after long time polish
wid coconut husk?

dis carpet got violence on its mind
red coiling snakes
going jump at me
nasty brown leaves
curl up wid pox disease

i put one foot on carpet
alligator pull me down
bite me wid thousand year old smile
drown me in swamp grass

an if i fly him
get back on dry land
den jungle whiss
tie me like string
round brown paper parcel

truss me like blowfly in larder
hang me from curtain rail
for monster spider
for christmas dinner

johncrow

dis waste disposal job
heavy business

we be on duty
all de daylight

always watchin
always searchin

it not classy work
an we not pretty pretty

mus have sharp beak
long neck
no feathers on important bits
to get inside de business

mind you
deres incentives
who get dere first
get bes pickings

it not take long
clean out carcass
cow take half hour
when team assembled

we not like men
muss de world up
figure how clean it after

we no leave food untended
more than one minute
glide birds watch
for first sign dinner

an if we find de dinner dying
we don wait no funeral director
cut out de middle man
kill it dead   kill it dead

APSLEY

mrs hurry come up

lena -
you got de big big house
an so much gold
around de neck
i tink you drown
in newlaid concrete

lena -
de ladies smile at you
so nice
like dey be friends

wait till de bailiff come

when you be sitting
all weepy weepy
on empty suitcase
de street be empty too

nobody

i find head in back yard
feel so sorry
sit wid it in my lap
stroke de poor barked cheek

body somewhere in de ground
alone it got no meaning

    ah ah

dis head was full of laughing
voice like big bullfrog
nose keen as mongoose
thoughts lovely
as Dunn's River Falls

wid sun shining
on playful water

on gleaming body
of de whole big man

APSLEY

man eater

tiger come for me
jaws wide open
nasty look on face

an i say
massa tiger
me flesh for stroking
for loving feeling
it not for make quick meat

but tiger
he keep coming

an i say
massa tiger
me flesh is gone
all creepy crawly
an i don wan
no quickie mashing

but tiger
keep on coming

tiger i say
you mebbe got
big shiny teeth
but i got flashy panga
an i done cut him
in de bad place
stop de coming
killim dead

massa tiger
he done make
de stripe fur coat
wid all de fixings

      an i look
      good enough to eat

peenie waulie

bad man on corner
done flash his goods
do good to nobody

but peenie waulie
flash all night
an ladies flocking to him

an when de crickets
be all chirping
an bullfrogs sing
de down low baritone

de blinkie peenie waulies
blink two four two time

match de blinking of de stars
so night be full
of loving light

tomato

only a white man try
take pips out of tomato

peel off de skin
see if it same colour inside

nex ting you know
he be trying take
pips out of pomegranate

fact is
dey should banish tomato
from de planet

mash plantain an rice an pea
saltfish an ackee
better any day

i don mind how often
my mammy make me eat dem

but human stomach
not made for tomato

body no want de pips or de skin
pass dem like peas through blowpipe

so many tomato pips turning up
all over ocean floor
all over world

my mammy say
either we sweep dem up
an burn dem in bakehouse fire

or de world be filled
wid salt tomato
growing out of de sea
an crabbing up de beaches

an crabbing up de blowpipes of de world

killem

garden boy fetch hen
an he chase him round de yard
de hen go *cackle cackle*
larks a mussy will no one save me?

garden boy done catchim
lay him out on tree stump
chop his cackle head off
killem dead

de hen no want to die
he stop de funny talk
jump up pretty quick
leave thinking gear behind

run out garden gate
blood all over wings
who need head anyway?
killem dead

my daddy fetch de gun
poke it through chicken wire
mongoose take muzzle in de mout'
he no run away

Bullet explode in belly
blood fly everywhere
bits all over me
killem dead

mongoose full of daddy's hens
but it not like dem at all at all
no second run at life
jus memories ...

too many dead chicken
an mongoose home to roost
in henhouse of my head
killem dead

zen for hens

me an my sisters tired
scratch an peck scratch an peck
sometimes dirt real bare
         you wonder what you look for

i wan rustle up my feathers
settle somewhere cool
an ruminate man ruminate
         on why hens sposed lay egg

jus so dey take it
an why i cant set up
in henhouse all de day
         i tink i run away

go quiet to de woods
murmur *scritch scratch*
scritch scratch slow very slow
         draw out de words long long time

no let breakfast thoughts creep in
plump myself up nice an feathery feathery
peck at me wings till i all comfy
              an brood on meaning of a egg

fluffy yellow thoughts
see-through-water thoughts
wid stars an lightness in dem
              an tiny t'ree-toed feet

brood on de planets moving in de sky
rounded thoughts
an wrapping up de universe wid eggshell thoughts

ghost horse

jigharzi stamp he foot
like he want take
whole world in he stride

but i say *whoaboy*
de forest all creepy creepy

an night done fall
like shutters closing
an all de duppies
in de whole winding world
be on our tail
clanging der teeth
like badmouth alligator

an jigharzi he say
man it be your own teeth
you hear jingling jangling
an if we don hurry
de moon up an catch us

an we run and we run
but de vines slap he flanks

an he flatten he ears
an i know he eyes rolling

an trees cling to de sky
like black widow cobwebs

an we both start to sweat
like in factory furnace

an de cooling night air
don even touch us

but jus as it seem
we be safe out of danger
jigharzi rear up
till he hooves catch de branches

an i tumble off
like de whiss pull me backward

for sudden we see
de three-legged horse
all dimness an glowing
with mist in its eye
an its foreleg stuck out
from its chest like a knife

an de ghost is all whitenes
        an silence
                an wispness
                        an shrouded
                                an awful

an fear strike me heart
jus like church bell be tolling
an we run an we run
but de ghost stay before us

till we come to de edge
an fall into de moonlight
an de ghost sudden gone
but de dread be still on us

jigharzi he shake
by de old breadfruit tree

an i cross myself twice
as preacher done say

go quiet to de neighbour
steal two of he chickens
for double protection

cut open der throats
an scatter de blood
de bones an de feathers

where jigharzi be standing
where i be not sleeping

an i make a full circle
an climb fearful in it
an jigharzi for once in he life is all silent

for we know an we know
dat de three-legged horse
mean evil be coming
an nothin can stop it
as sure as de hellfires
keep burning
keep burning

plantation wife

Eugenia come to my house
aged thirteen

skin like black roses

i see my husband eye her
what to do?

that night the attic bed
go *jigger jagger*
all night through

desire make a woman restless
in the heat
dries in the mouth

my rumpled sheet
hot to the touch

and still the upstairs bed
go *jigger jagger*
all night through

Eugenia have a breadfruit
in her belly
sweat bead her forehead

my husband say her bosoms
grow like watermelon

he watch her working in the fields
his breath
go *jigger jagger*
as he do

it is not i
who take the knife
make the first cut

who take the breadfruit out of her
who make the watermelons weep
who put Eugenia to sleep
jigger jagger

but it is i
who always after hear
the truckle bed
go *jigger jagger*

who see the panga
come each night
make *jigger jagger*

slaves got no rights
her daddy say
but they got *Pride!*
jigger jagger

cockroach

cockroach he no play fair
hide in shadow place
run too fast

wiggle de feelers
like he make fun of me
fright de children
fright de people

if i crush cockroach
he die wid smile on face
leave smell in room

leave babies hid
in dark dark place
grow big and nasty

an den dey eat de bedding
eat de table
eat de people

eat till dey be
big as houses
strong as mountains

an de waters no drown dem
de volcano don choke dem
de fire don burn dem

gunman da come

polly he put his head on one side
when he want look at me
why work two eyes at once?

ruffle feathers till he twice size
peck like he want pull dem out
got more where dey come from

he say he pretty polly
sometimes speak so nice
de people smile an answer him

sometimes speak better dan
big man in market square
aint neither of dem got de teeth

when de policeman come
he say wild parrot eating up his corn
an ask where dis one come from?

polly go for him
run long de ground
wid toes turned in

take big chunk out of leather shoe
like fancy jungle warrior
an laugh like he going laugh forever

zebu

de bull sit in de sea
he know he terrific
waves frolic
like sea calves roun his neck
skin hang like lizard puffing up
an no pull in again
even de foam
make like wreaths roun his hump
an i say

why you sit here zebu
while your cows all dolorous
working in fields
hooked up to de yokes an whipped by de men
an hauling de cart
de sugar cane and de flies?

zebu he no answer   only rock
he head from side to side
so he dip horns in sea blue water
an i say

zebu de brahminy ladies calling an if
dey creamy butter flanks
now mud and bone
dey still got go go eyelashes
an long fringe tails to keep you happy

an zebu he look up and say
stuffymouth and malapropping

if this was indiah
my humph be fine and full
my horns bemused wid flowers
i would be gargoyled
like a vicious warrior

but as he wax poetic   like his limpid tasselled eyes
be rockpools even brahma
cannot fenestrate   an he start talk
of lotus leaves an seeds of heaven

de big wave come
stop de mouth
wash clean over him

mammy sorrows

sorrow come easier to bear wid age
my mammy say
no longer hurt
like every barracuda in de sea
done sink der teeth in me

she watch me dart de coral
wid de rainbow fish
laugh wid my frens
but no one say *you now!*
you stay away from gloomy crevices
de conger got a mighty way wid him

my mammy say
now that her eye grow dim
her waters more serene
de shark that fill de sea
eat up de manta ray
an bite de sting

but i do know
that if de moon
shine on de nine night in a certain way
that if de alligator in de swamp
do light his eye on her
she weep as though
de very waters of de Flood
wash her away

sea puss

massa eight legs
sit in reef hole
wait for foolishness
come he way

practice put suction cups
on nobbly rock

practice s t r e t c h legs out
and pul dem in so so quick

he de foolish one
he think me arm is crayfish

try take it off
try bite wid horny jaws

try hold me down
an drown me

massa sea puss
you be foolish boy

i cut your legs off one by one
till you let go

now you massa six legs
like brer anancy

now you run out of ink and hands
for write de memoirs

uncle boatman

my uncle
bes boatman in de world
hold oars like dey he arms

mammy say he don need oars
row good wid de hands

my uncle
make sail fill even if dere no wind
move boat through water
like big fish after guppies

mammy say he don need boat
he swim good as stingray

my uncle
catch crawfish wid old harpoon
bite head off electric eels
open beer bottles
wid de teeth

mammy
i say
how come he bite so well?

mammy finger her throat
say he ought be born barracuda
god make dreadful mistake

APSLEY

horse under water

jigharzi an me stand in de water
warm an friendly
for de world smell like snails
oooozing on hot charcoal

an jigharzi step wary
as tiger fish skip between he legs
an he make like he hate de coral forever

an i slip from he back   de knife in my hand
forget de electric blue an glitter of de rainbow
an wait for shark to come over de reef
as tide lifffff de water over

an soon de fin come
quiver when it see me   but it come
shark he thick between de ears if he had them i say

an jigharzi he snorting and heading for land
coz dis fellow mean business
an he say *why you wan kill him anyway*
an i say *is sport man as well as supper*
an impress de tourists good an good mean money

an i say *trus me jigharzi*
an de fin go out like a light as de brute turn over
an jigharzi say *man dis fellow bes swimmer in de sea*
an de rush of water push me sideways
an de teeth glitter in sunshine that come through de water
hundreds of teeth   iiiiiichin to bite me dead
an i liff de knife but it move slow

for everything cep dis killer move slow in de water
but fear drive my hand
an i slash him in de stomach
an de monster done falter   fffffffalter in de water
but he turn roun anyways
and come again   kinda slow now
an i slash him in de stomach in de same place de same place
                            de same place de same place

till de womb come out   an de gut
for it not a he but a lady
wid babies in a bag all ready to do business
but jigharzi he long gone for shore
for de water full of blood   clouds of blood
clouds of froth   clouds of gore
but not clouds of joy   cos it a lady

donkey no go linstead market

halif she no go nowhere dis early morning
no want de panniers on her back
de halter roun her face
an no wear silly flower hat
wid holes for ears

halif she plant de four feet on de ground
show lovely teeth
an bray till valley echo
an missus come
find what de matter

halif no want no market woman on her back
no basket filled wid ackee
no breadfruit or banana
an no foul smoky pipe wid jackass rope

all she want is stay in same same place
keep johncrow far away
let grass grow nice an even
drop cubby in de night

hurricane

first de earthquake come
shiver de house
like it wanna be dancing

nex day de wind roar
like dragons running

blow coconuts off tree
so dey bounce down street
like maracas start drumming

furniture lift up
high as quick run clouds

fix deyselves
in crook of cotton tree
an sit dere laughing

de ceiling of my house done fall
spoil de banana fudge
an downstairs fill like roaring river

we spend all night on de steeping stairs
play cards till i sleep
like letter N

on de morning after
de rickety houses
all flat so flat

look like de walls
done drop de trousers
run away

but roofs sit perfect
on de ground
still skirted for de dance

sister lisabet

de mirror teasing me again dis morning
no show my proper face
pretend de steam done wash it out

some days when moon be shining
de mirror fill heself
wid naughty picture

but i don want
see people go in bushes
don want to know dey out all night
widout de clothes on

de mirror say
dere be de funny men
dress up as ladies
prettier dan me

all dis i fight

de bad time come
on nights when world
be mirror dark

an den de party drum start beating
race my blood
an even when i close my eye
i still be woman

days of music

as a child
I picked the pods
from loofah vines

shook the seeds
until their music
matched my heartbeat

did not know
loofahs were dried and shrunk
for urban bathrooms

but only saw
how delicate clusters
of hanging flowers

could catch the sun
how our house
was covered with the pods

how days came
when they attracted
swarms of hornets
swaying hummingbirds

days when my mother tempted
the swordbill to her glass

*days when
mandragora
blurred my senses*

Glossary

banana hand	one circle of bananas around the stem
blinkie	firefly
brer anancy	a spider in folklore
busha	overseer
cubby	baby donkey
duppy	ghost
jackass rope	hemp plaited into a rope for smoking
jent jeng	old rubbish
jook	to prod at someone
nine night	ninth night after a death
obeah	witchcraft
panga	long knife
peenie waulie	another kind of firefly
teggereg	bully
wappen bappen	slum house
weddn bessy	frequent wedding goer
whiss	tough thin vine